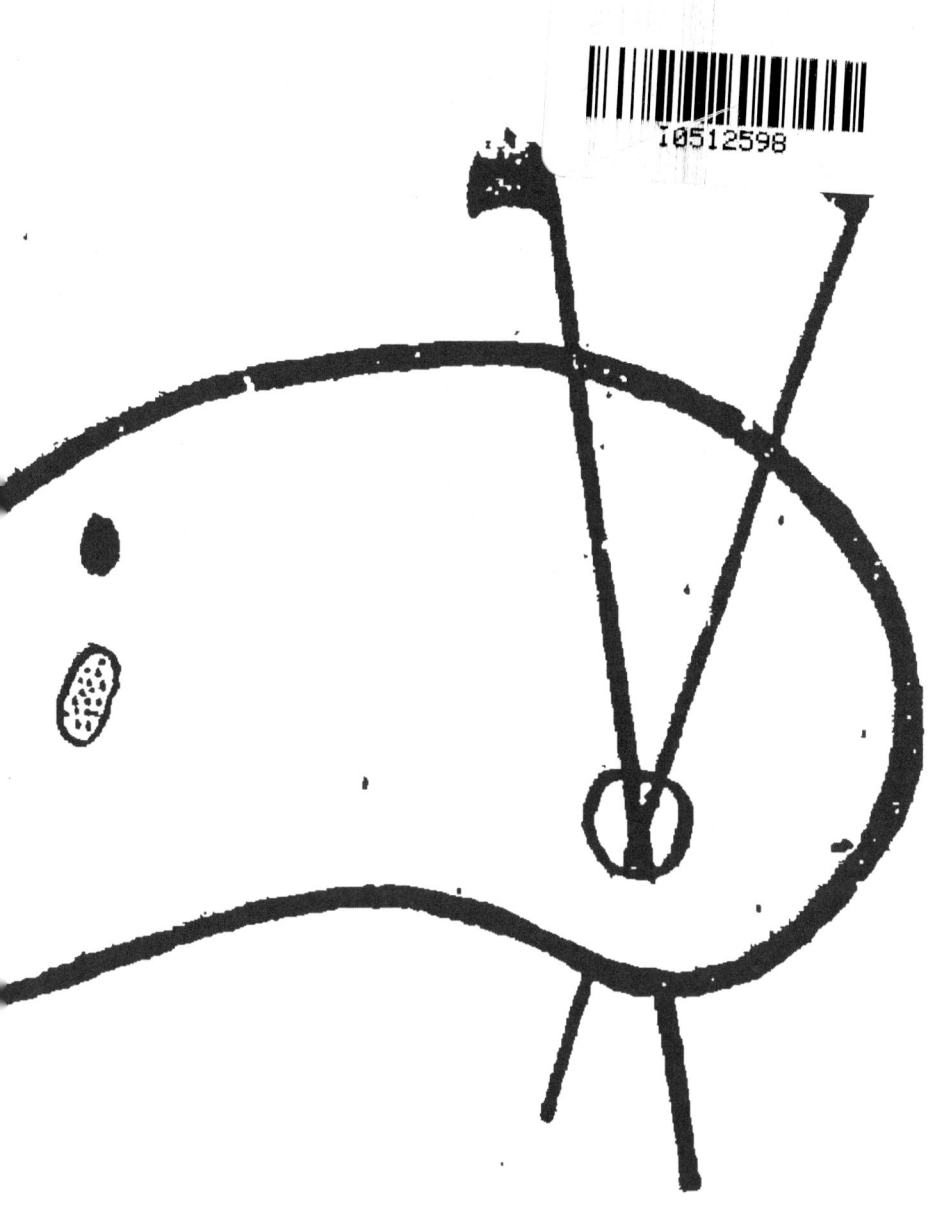

DEBUT D'UNE SERIE DE DOCUMENTS
EN COULEUR

TABLEAUX
ET
DESSINS
DE L'ÉCOLE MODERNE
Composant le Cabinet d'un Amateur.

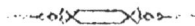

EXPOSITIONS

Particulière, le Jeudi 24 Janvier 1861, de 1 heure à 5 heures;
Publique, le Vendredi 25 Janvier, de 1 heure à 5 heures.

VENTE

Le Samedi 26 Janvier 1861, à 3 heures précises

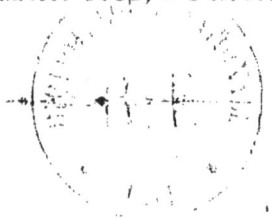

Me **CHARLES PILLET**, Commissaire-Priseur.
M. **FRANCIS PETIT**, Expert.

1861

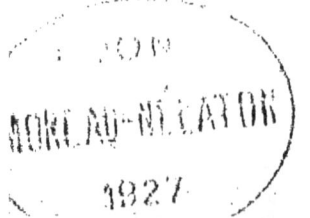

RENOU ET MAULDE
Imprimeurs de la C⁽ᵉ⁾ des Com.-Priseurs,
Rue de Rivoli, 144.

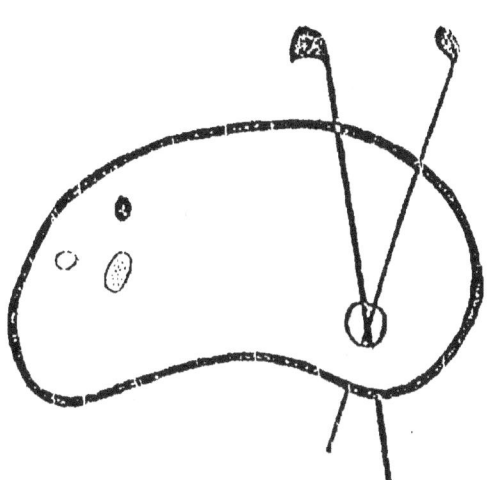

FIN D'UNE SERIE DE DOCUMENTS
EN COULEUR

CATALOGUE

DES

TABLEAUX

ET

DESSINS

DE L'ÉCOLE MODERNE

Composant le Cabinet d'un Amateur

DONT LA VENTE AURA LIEU

HOTEL DROUOT

SALLE N° 7

Le Samedi 26 Janvier 1861, à 3 heures précises.

Par le ministère de M° **CHARLES PILLET**, Commissaire-Priseur,
11, rue de Choiseul,

Assisté de **M. FRANCOIS PETIT**, Expert, 43, rue de Provence,

CHEZ LESQUELS SE DISTRIBUE LE PRÉSENT CATALOGUE.

EXPOSITION PARTICULIÈRE
Le Jeudi 24 Janvier 1861, de une heure à cinq heures.

EXPOSITION PUBLIQUE
Le Vendredi 25 Janvier 1861, de une heure à cinq heures.

1861

CONDITIONS DE LA VENTE

Elle sera faite au comptant.

Les Acquéreurs paieront, en sus des adjudications, CINQ POUR CENT, applicables aux frais.

TABLEAUX

BONINGTON

1 — La Seine, près Rouen.
H. 24 c. L. 32 c.

CHAVET

2 — Un Amateur chez un peintre.
H. 10 c. L. 13 c.

3 — Fumeur sur une terrasse.
H. 9 c. L. 6 c.

DAUBIGNY

4 — Route d'un village aux environs de Paris.
H. 25 c. L. 41 c.

DECAMPS

5 — Paysage d'Orient : effet de soleil couchant.
H. 23 c. L. 31 c.

6 — Une Ferme près d'Agen : effet du soir.
H. 19 c. L. 25 c.

DELACROIX (EUGÈNE)

7 — Lion déchirant le cadavre d'un Arabe.

H. 27 c. L. 35 c.

FAUVELET

8 — Une jeune Femme.

H. 26 c. L. 15 c.

GENDRON

9 — Diane et Endymion.

H. 35 c. L. 27 c.

10 — Le Peintre et son modèle.

H. 48 c. L. 40 c.

11 — La Fiancée.

H. 29 c. L. 36 c.

GÉROME

12 — Pifferari devant une Madone.

H. 12 c. L. 8 c.

13 — La Quête.

Un enfant de chœur assis tient une aumônière.

H. 30 c. L. 22 c.

GUILLEMIN

14 — L'Image de la Vierge.

H. 35 c. L. 27 c.

HAMMAN

15 — La Duègne.

H. 26 c. L. 21 c.

HÉBERT

16 — Une Femme d'Alvito, royaume de Naples.

H. 55 c. L. 36 c.

ISABEY

17 — Un port en Normandie.

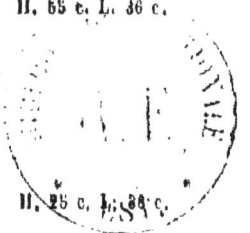

H. 25 c. L. 34 c.

LANDELLE

18 — Les deux Gourmands, souvenir des Pyrénées.

Forme ronde diamètre, 22 c.

ROUSSEAU (PH.)

19 — Deux Chiens au chenil.

H. 16 c. L. 21 c.

ROUSSEAU (TH.)

20 — Les Bords de la Marne.

H. 27 c. L. 34 c.

TASSAERT

21 — L'Insensée.

H. 51 c. L. 45 c.

TROYON

22 — Le Retour à l'étable.

H. 26 c. L. 84 c.

23 — Vaches près d'une mare

H. 26 c. L. 34 c.

24 — Petite Gardeuse d'oies.

H. 34 c. L. 26 c.

25 — Jeune Paysan gardant des moutons.

H. 80 c. L. 45 c.

VILLEVIELLE

26 — Entrée d'un village.

H. 24 c. L. 40 c.

WILLEMS

27 — Une Réponse difficile.

H. 27 c. L. 21 c.

28 — Première intuition de l'amour.

H. 24 c. L. 10 c.

ZIEM

25 — Rives du Bosphore.

H. 34 c. L. 60 c.

DESSINS

BIDA

30 — Moine grec lisant.
Dessin.

31 — Soldat arabe.
Dessin.

32 — Un Remouleur arabe.
Dessin.

BONINGTON

33 — Sujet tiré de Woodstock.
Aquarelle.

DECAMPS

34 — Arabe monté sur un âne et emportant son enfant.
Sépia rehaussée.

GÉRICAULT

35 — Palefrenier étrillant un cheval.
Aquarelle.

JACQUE

36 — Une Cour de ferme.
> Sanguine.

MEISSONIER

37 — Deux Mendiants.
> Dessin à la plume.

38 — Joueur de basse.
> Aquarelle inachevée.

PILS

39 — Chevaux d'artilleurs à la forge.
> Aquarelle.

40 — Un Gendarme départemental.
> Aquarelle.

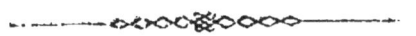

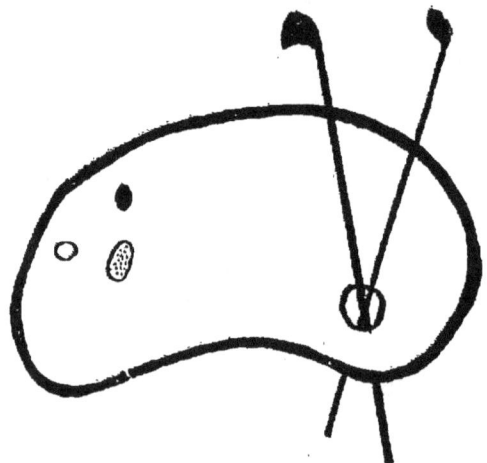

ORIGINAL EN COULEUR
NF Z 43-120-8

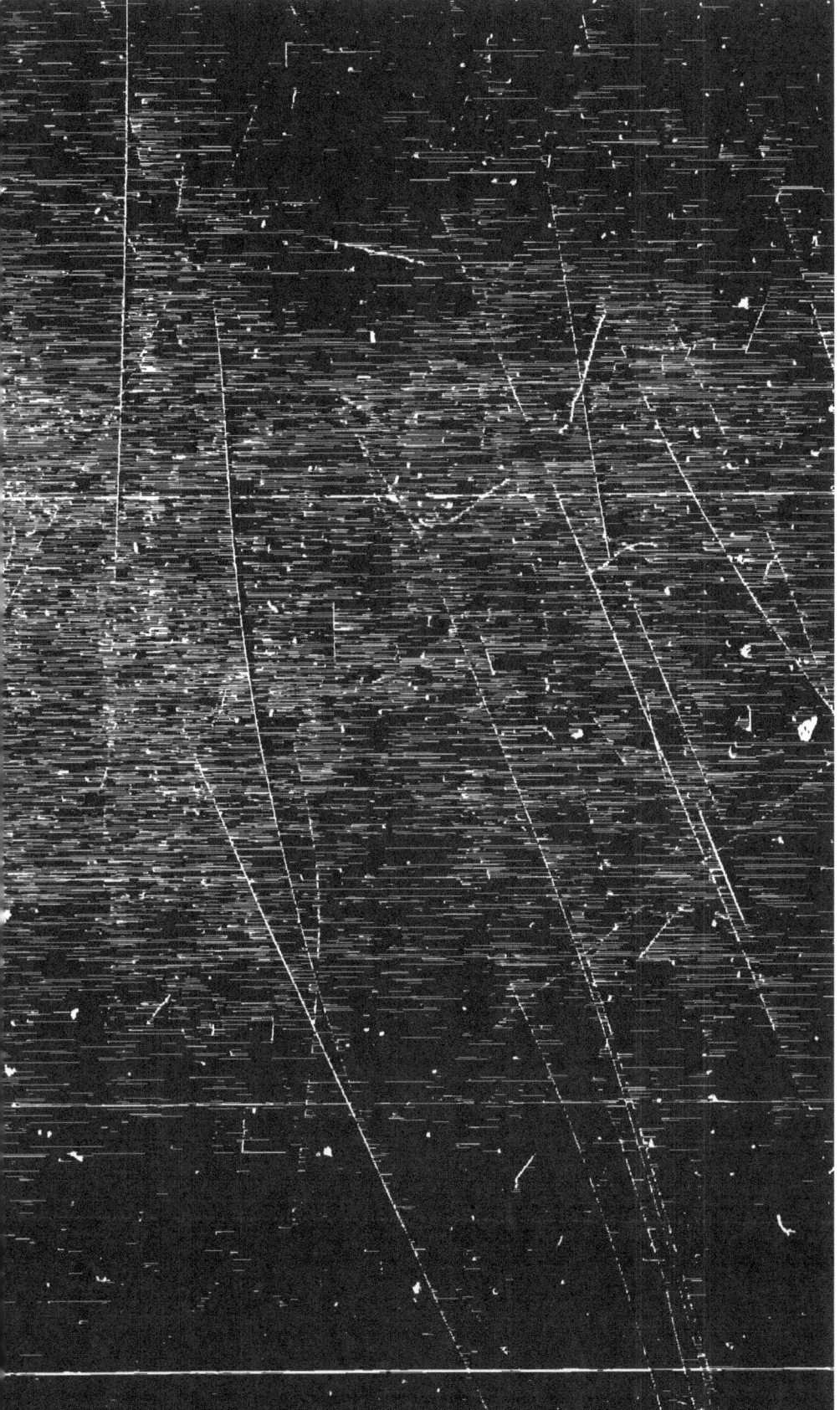

www.ingramcontent.com/pod-product-compliance
Lightning Source LLC
Chambersburg PA
CBHW030114230526
45471CB00003B/1412